LE THÉATRE

DE

BOULOGNE-SUR-MER

A. BOUDIN

EN VENTE
Chez tous les Libraires et Marchands de Musique

BOULOGNE-SUR-MER
IMPRIMERIE TYPOGRAPHIQUE & LITHOGRAPHIQUE DE SIMONNAIRE & Cie
5, Rue des Religieuses-Anglaises, 5

Décembre 1873

LE THÉATRE

DE

BOULOGNE-SUR-MER

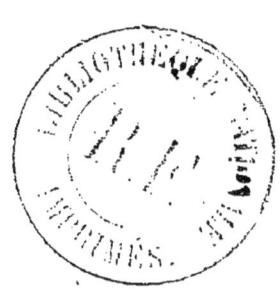

A. BOUDIN

BOULOGNE-SUR-MER

IMPRIMERIE TYPOGRAPHIQUE & LITHOGRAPHIQUE DE SIMONNAIRE & Cie

5, Rue des Religieuses-Anglaises, 5

—

Décembre 1873

1874

LE THÉATRE
DE
BOULOGNE-SUR-MER

La question théâtrale qui nous occupait déjà il y a huit ans, à l'époque de l'émancipation des théâtres, nous occupe encore aujourd'hui. Cette question si simple, si facile à résoudre dans une ville qui possède une scène relativement importante et des ressources considérables (nos revenus annuels s'élèvent à 1,200,000 fr. environ), cette question n'est pas résolue. Nous en sommes toujours à la période des essais. Nous tâtonnons timidement, nous défaisons un jour ce que nous avons fait la veille pour revenir le lendemain sur nos décisions. Nous n'avons pas encore de ligne de conduite arrêtée, et voilà cependant quarante ans qu'il existe un théâtre chez nous. Combien nous faudra-t-il de temps encore pour savoir ce qu'il faut à cette institution pour prospérer ?

Donnera-t-on une subvention au théâtre, le livrera-t-on à l'industrie privée ; aura-t-on deux troupes, l'une lyrique et l'autre dramatique ; divisera-t-on l'année en deux saisons, l'une d'été, l'autre d'hiver ; le théâtre se rattachera-t-il au système de la ville de plaisance ou sera-t-il tout simplement à la disposition de la cité tout entière, abstraction faite de tout système ; sera-t-il indépendant du Casino ou sera-t-il absorbé par cet établissement rival. Nous ne savons rien décider de tout cela. C'est toujours la lutte entre les exigences de la population flottante et les besoins réels de la population fixe ; c'est toujours cet antagonisme que l'on retrouve partout, dans nos affaires municipales, et que nous signalions, il y a dix ans bientôt, comme une des causes de notre immobilité quand autour de nous tant de villes moins bien douées progressent à vue d'œil.

Pour toute règle, l'administration municipale n'a qu'un souci : choisir des directeurs capables, c'est-à-dire retors, et prendre parmi ceux qui postulent près d'elle les mieux recommandés. Tout directeur est bon, pourvu qu'il soumissionne au rabais en offrant des avantages pécuniaires à la ville : le principal est d'avoir beaucoup de spectacles pour peu d'argent, la qualité ne fait pas grand chose, c'est la quantité qu'on vise, c'est l'exécution d'un programme au poids et au mètre cube, à la représentation et à la journée.

Un individu quelconque se présente-t-il avec un plan aussi peu lourd que possible pour le budget municipal ? c'est l'homme qu'il faut. Il est capable celui-là. Un autre vient-il modestement offrir des services proportionnés aux fonds qu'on veut bien lui allouer ? Il n'en faut pas. C'est un directeur impossible. La municipalité entend que les soumissionnaires fassent d'abord leurs offres, c'est à elle de décider ensuite. Et l'on appelle cela servir les intérêts de la ville ? La Ville est donc décidément une maison de commerce, indifférente à tout ce qui regarde l'art, le goût, les mœurs, la civilisation locale ?

Nous savons par expérience, malheureusement, ce qu'il en coûte de régir les affaires de ville comme une maison de banque et de confondre la cuisine administrative avec l'office d'un gastralgique. Il nous est arrivé déjà, qu'en traitant au rabais avec les directeurs, nous n'avons fait que compromettre l'avenir d'une institution aussi nécessaire à notre ville que nos écoles elles-mêmes. C'est au mode de marchandage en vigueur que nous avons dû l'intruison au théâtre de faiseurs adroits, ne livrant jamais la marchandise affichée et détalant *presto* un soir de belle recette.

Les hommes ne sont en définitive que ce que l'on est avec eux. Traitez en artistes les directeurs de théâtre. Ce ne sont pas des boutiquiers. Si vous les prenez ainsi, vous ouvrirez votre porte à toute espèce de traficants qui vous prouveront tout ce que vous voudrez. Que, par exemple, quinze mille francs de subvention suffisent pour une ville comme la nôtre ; que nous n'avons pas besoin pendant l'hiver de divertissements lyriques, attendu que nos bourgeois préfèrent leur coin du feu au théâtre ; que la vraie saison théâtrale c'est l'été, alors que les chaleurs et le mouvement des affaires poussent les habitants à s'enfermer entre quatre murs chauffés à blanc, et si peu aérés qu'on s'y croirait en rase campagne, où chacun étouffe, ainsi qu'on sait. Ils prouveront bien d'autres vérités aussi fantastiques, les directeurs que l'on aura encouragés par des visées au bon marché ; ils prouveront que le théâtre d'une ville doit nécessairement déchoir quand celle-ci progresse et que ce qu'on faisait il y a environ vingt-cinq ans ne peut plus se faire, attendu que tout a augmenté, les appointements, les droits d'auteurs, les locations de musique,— ce qui n'empêche pas, bien entendu, toutes les villes intelligentes, jalouses de leur réputation, de faire absolument aujourd'hui ce qu'elles faisaient jadis ; ce qui n'empêche pas non plus les théâtres municipaux en France de se multiplier d'année en année et de croître en importance.

Mais que ne peuvent prouver, quand ils s'y mettent, les émules de M. Du Barry, l'inventeur de la *douce Révalescière !* Prêtez-leur l'oreille quelques heures durant, et vous serez ébahis, convaincus, illuminés, et vous vous écrirez en leur abandonnant tout ce qu'ils voudront : qu'ils sont des hommes capables !

Eh mon Dieu ! les gens capables, ou retors, si vous aimez mieux, disant avec abondance, audacieux, briseurs d'entraves, sachant corrompre et flatter, intimider même au besoin, il en pleut ; on a de ces gens-là partout maintenant ; ils encombrent toutes les antichambres des administrations. Sont-ce eux ou les industriels honnêtes qui ont gâté notre scène ? Sont-ils capables, ces gens-là, de faire autre chose que leur fortune ? Les verra-t-on jamais féconder sur leurs traces les institutions qu'on leur confie et répandre le bien-être parmi ceux qui les servent ? Pourquoi tant de sollicitude pour cette espèce d'hommes, pourquoi les préférer aux autres et leur tenir l'échelle afin qu'ils montent plus commodément ?

Je voudrais pour ma part qu'au lieu de s'occuper exclusivement, comme on le fait, des capacités des directeurs, l'on s'occupât un peu plus des administrateurs qui traitent avec eux. S'il importe dans les affaires de théâtre de déployer des capacités exceptionnelles, c'est bien plutôt du côté de nos mandataires que celles-ci devraient se rencontrer. Ils traitent en notre nom, tandis que les directeurs traitent en leur nom propre. Peu nous importe si ces derniers savent faire leur affaire ; l'essentiel est que nos chargés de pouvoir ne se trompent pas sur la nature de nos intérêts. L'essentiel est qu'ils sachent prendre des garanties contre les tendances de certains directeurs à tout risquer pour augmenter leurs bénéfices.

Je serai franc avec les administrateurs qui ont introduit il y a deux ans, au théâtre, le système en vigueur ; je leur dirai que loin d'entendre les intérêts réels de la ville ils n'ont su que les compromettre. Je ne puis leur cacher mon impression.

Quand on est venu m'apprendre l'adoption du système actuel, j'ai eu bien garde de discuter son inventeur comme cela se faisait dans le moment, comme cela se fait toujours à Boulogne, lorsqu'une idée est lancée, et où tout tourne, on ne sait pourquoi, en questions personnelles. L'homme était ce qu'il pouvait être, nous n'avions pas à y faire attention. S'il était capable, tant mieux pour lui ; s'il ne l'était pas tant pis, cela ne nous regardait pas. Dans cette affaire nous n'avons vu que des clauses et conditions imposées par la Ville. Je devrais dire : imposées à la Ville.

De toute évidence, le système ne valait pas le diable ; il avait été essayé déjà par M. Clément lui-même, il n'avait donné que de tristes résultats, puisqu'il avait amené la faillite de celui-ci. Qu'il y trouvât cette fois le succès financier qu'il cherchait, c'était possible, les circonstances ayant changé ; dans tous les cas il sautait aux yeux que ce système rabaissait notre théâtre au sixième rang : nous allions marcher après les villes de trente mille âmes, après Douai, après Dunkerque ; il sacrifiait, pour une méchante économie de deux ou trois mille francs, les goûts de la population fixe. Ce système, aussi, rétablissait, consolidait veux-je dire, la prépondérance destructive d'une ville chimérique, nommée ville de plaisance. C'est à cette ville, inventée par les huissiers sans doute, que l'on soumettait le théâtre définitivement ; c'est à elle, à ses convenances particulières que l'on sacrifiait l'avenir de cet établissement. La ville de plaisance ne produit pas annuellement le dixième des fonds en circulation parmi nous. — Elle donne à la localité tout au plus deux millions espèces en achat de denrées alimentaires, de locations d'appartements et de fournitures diverses, tandis que la pêche maritime lance dans la circulation plus de huit millions de valeurs, et que les autres industries, la cordonnerie, la fabrication des plumes métalliques, les usines de ciment et le transit dépassent même ce chiffre.—Mais qu'est-ce que cela faisait ? Il est admis depuis longtemps qu'on ne sera propre, intelligent, économe chez nous que pour mieux plaire aux étrangers. Ne dit-on pas journellement dans nos feuilles publiques que Boulogne n'est rien sans l'étranger ?

On a donc rendu hommage aux sophismes, aux préjugés d'une foule ignorante. On n'a fait en cela qu'imiter les diverses administrations impérialistes et monarchistes qui ont précédé au pouvoir nos républicains ; en sorte que nous pouvons croire désormais, qu'il vienne ou non des révolutions, que les autorités municipales boulonnaises des différents partis feront toujours choux verts et verts choux.

Quand nous avons appris la nouvelle, il y a deux ans, nous le répétons, nous avons cru devoir nous taire. Il était trop tard du reste pour protester. Nous avons attendu un an, puis, comme une année de réflexion ne suffisait pas à nos administrateurs, nous avons pris le parti de patienté jusqu'à présent. Mais on nous menace d'une troisième année ! La municipalité n'est pas suffisamment éclairée sur l'inanité du système actuel. Il faut parler.

A-t-il assez ravalé notre scène, ce fameux système ? Sommes-nous assez content du désert qu'il a fait au théâtre ? A-t-il assez fait souffrir nos goûts artistiques et notre fierté locale ? Quels beaux résultats nous avons obtenus ! On l'aurait inventé pour précipiter la décadence de nos institutions musicales qu'on n'eut pas mieux trouvé. Il n'a été favorable qu'aux comités dansants et chantants, il n'a fait qu'encourager les exhibitions ridicules. Pas un concert sérieux depuis son triomphe. Pas une symphonie possible ; des artistes nulle part. Partout, dans toutes les salles publiques, des instrumentistes de bals populaires essayant de se faire dire qu'ils ont du talent, partout des médiocrités tapageuses écrasant de leur poids les esprits les plus subtils ! Deux années de chansonnettes, deux années de misère !

Et l'ennui qui nous a rouillés jusqu'aux os pendant ces deux hivers ; — et la fuite décidée des résidants anglais, et la dispersion de leur colonie ; — et la crainte que tous les voyageurs de commerce ont maintenant de séjourner chez nous ; — et l'anxiété des commerçants vivant des produits du théâtre ; et tant d'autres avantages que nous omettons à dessein, n'attestent-ils pas aux yeux de tous qu'en effet ce système méritait bien la protection municipale ?

Que nous avons bien fait d'attendre avant de juger les conceptions de M. Clément. Voilà donc où nous conduisent les essais sous ses auspices. De notre orchestre, jadis renommé, nous n'avons plus que l'ombre : ce qu'il en reste court de ville en ville ; nos musiciens passent à l'état de nomades ; ils émigrent à certain moment de l'année comme les joueurs d'orgue et les marchands de petits balais ; ils sont moins heureux que les rétameurs de casseroles natifs de l'Auvergne, ils n'ont pas même la liberté de gagner un peu partout leur pauvre vie ; ils n'ont pas comme les employés du cirque des maisons roulantes où l'on peut entasser famille et outils professionnels, quand on les trimballe de Boulogne à Rennes, puis de Rennes à Boulogne, c'est en wagon de troisième classe, seuls, qu'ils accomplissent leurs pérégrinations périodiques.

Ce n'est pas la peine d'avoir fait son éducation musicale sur les bancs académiques d'une ville de plaisance. Qu'est-ce qui se douterait que Boulogne dépense tous les ans 7,000 fr. pour former des malheureux de ce genre ?

Et pourtant, ce n'est pas ce qu'on avait promis il y a deux ans aux musiciens de la localité. Les partisans du système Clément se rappellent-ils que l'Administration, saisie d'une proposition approuvée par des membres du Conseil municipal, faisait entrevoir au musiciens l'heure de leur émancipation. Il n'était pas question alors de supprimer leur gagne pain, l'orchestre, pendant la dure saison. On n'entendait pas, il s'en faut, les laisser à la merci d'un chef aventureux. Se rappelle-t-on ce projet de syndicat qui devait tout remettre à sa place, assurer une existence facile à nos éléments locaux, régler leur développement normal, enfin réparer autant que possible les négligences de l'ancienne administration ?

Nos beaux projets ont échoué, on leur a préféré le système actuel. A-t-on eu peur d'unir les travailleurs de l'orchestre? A-t-on craint qu'ils se coalisent, qu'ils implantent dans nos mœurs l'association professionnelle ? Je ne sais. Je constate seulement que la municipalité s'est montrée sans énergie, sans idée arrêtée encore une fois. Il est évident pour moi que les hommes de mon parti, lorsqu'on les poussa au pouvoir, n'étaient nullement préparés, nullement en mesure de mettre en pratique les principes qu'ils affichaient dans leurs discours.

Il s'est rencontré une occasion décisive pour démontrer que les théories du parti républicain sont souverainement libérales et conservatrices ; ils n'ont pas su saisir le moment propice ; ils ont préféré, pour l'agrément de quelques personnes parfaitement indifférentes aux principes que nous défendons, laisser un groupe nombreux d'industriels dans l'anarchie la plus profonde, dans l'impuissance la plus complète, dans la misère !

Les ricanements de l'*Impartial*, quand nous avons soumis notre proposition d'organiser l'orchestre en corps de métier, n'auraient-ils pas dû ouvrir les yeux à l'Administration ? Qu'est-ce que voulaient dire les sarcasmes de M. Verjus, sinon que nous avions touché juste ?

Au surplus voici reproduit *in extenso* le rapport où fut exposé par nous, il y a deux ans, le projet de syndicat pour les musiciens de l'orchestre. Le lecteur verra s'il y avait de quoi exciter le rire des journalistes. Je veux croire qu'ils étaient gais sans savoir pourquoi. La reproduction de cette pièce, que nous avons fort heureusement sauvée de l'enfouissement des archives municipales, mettra de suite l'opinion publique en mesure de se prononcer.

Nous ne voulons pas que le silence se fasse sur une question qui nous a distrait de notre travail nourricier, qui est vitale d'ailleurs, attendu qu'on ne peut concevoir une scène lyrique sans orchestre ni un orchestre sans théâtre. Qu'on n'argue pas qu'en se cotisant avec grâce, deux ou trois villes, comme Rennes et Boulogne, peuvent constituer un orchestre ; j'appelle ce procédé de la banque, du fricot directorial. On ne sauvegarde nullement de cette façon la dignité locale, on ne développe pas non plus les éléments produits. Mais je laisse parler les musiciens eux-mêmes.

RAPPORT DU COMITÉ SPÉCIAL DE MUSIQUE

Conformément au vœu exprimé, au nom du Conseil municipal, par la Commission de Musique formée dans son sein, les musiciens de Boulogne-sur-mer, assistés de délégués des Sociétés musicales de la dite ville et réunis en assemblée générale, le 11 février 1872, à l'effet de rechercher les causes qui ont pu contribuer à la décadence des institutions musicales, tant privées que publiques, de la localité, et les moyens de relever ces mêmes institutions, décident — qu'en raison des difficultés presque insurmontables que pourrait rencontrer une instruction en commun —

il y a lieu de confier à un Comité spécial, composé de sept membres, l'instruction dont il s'agit.

En conséquence, sont nommés pour faire parties du Comité spécial :

Messieurs Pamart, président de la *Musique Communale*; Delpierre, président de l'*Union Boulonnaise;* A. Boudin, président de *la Fraternelle;* Docquois, organiste de la paroisse Saint-Pierre ; Vivien, professeur de musique ; Picard, ancien chef d'orchestre et directeur de divers théâtres de province ; Chardard, directeur de l'Ecole Communale de Musique.

Le Comité spécial de musique, ainsi constitué, s'étant réuni le jeudi 15 février et ayant conféré à M. Chardard la présidence et à M. Boudin la rédaction de ses procès-verbaux, témoigne tout d'abord, c'est-à-dire au début de ses séances, le désir de voir écarter, pour le moment, des discussions qui pourraient survenir entre les musiciens réunis, les questions relatives aux Sociétés privées ainsi que celles qui concernent particulièrement l'Ecole et la Musique Communales.

Le Comité pense qu'il n'y a pas nécessité urgente de s'occuper pour le moment de ces institutions, il est d'avis qu'on doit tout de suite attirer l'attention de l'Administration municipale sur l'état de l'orchestre et solliciter d'elle, pour cet objet indispensable à la localité, une initiative énergique.

Après cette déclaration, qu'il y a lieu de se renfermer dans l'examen des questions relatives à l'orchestre, le Comité cherche à se rendre compte des causes qui ont nui à l'entretien et au développement progressif de celui-ci. A l'unanimité, les membres du Comité spécial conviennent que la cause principale de la décadence de l'orchestre, a été jusqu'ici la dépendance étroite des musiciens à l'égard du directeur du Théâtre. Les membres du Comité constatent, que la réduction graduelle, d'année en année, des appointements fixés par le directeur, a eu pour effet d'éloigner les professeurs de l'orchestre, le professorat offrant plus d'avantages, aux points de vue moral et pécuniaire, que l'exercice de l'art musical au Théâtre, où, le plus souvent, les musiciens sont tenus de subir l'arbitraire d'un industriel que rien n'arrête, ni les considérations d'intérêt local, ni les considérations d'intérêt artistique.

S'appuyant sur ces données hors de conteste, le Comité spécial de musique déclare, qu'avant tout il importe de rendre indépendante des directeurs la condition d'exécutant à l'orchestre ; il demande que celui-ci tout entier, y compris son chef, soit placé sous la protection directe de l'Administration municipale, qui mieux qu'aucune autre administration, peut avoir souci des intérêts de l'art et des artistes boulonnais.

Le Comité exprime le vœu qu'à l'avenir les appointements des musiciens employés au Théâtre et au Casino, tous deux établissements municipaux, soient réglés mensuellement par la municipalité.

Pour ce qui concerne le recrutement des musiciens, le Comité pense qu'il y aura tout avantage pour la Ville à en laisser le soin à une Commission spéciale qui pourrait être, pour une première formation, le Comité actuel, lequel tient d'ailleurs à la disposition de l'Administration tout un orchestre aux conditions qui seront plus loin stipulées avec équité.

Sur la question du mode de recrutement, le Comité est d'avis :

Qu'en cas de vacance à l'orchestre, information doit en être donnée au public par la voie des journaux : les candidats seraient tenus de présenter leur demande par écrit et adressée au président de la Commission spéciale.

La Commission spéciale, qui pourrait prendre nom de JURY PERMANENT, serait composée, après la première formation de l'orchestre par les soins du Comité actuel, de six musiciens pris dans l'orchestre même et présidés par un conseiller municipal. Ce Jury fixerait lui-même le mode de renouvellement qui pourrait lui être appliqué.

Pour le fonctionnement du Jury dont il vient d'être question, il paraît convenable au Comité que les jurés se réunissent à volonté, sur la seule demande de trois d'entre eux et d'après l'avis du Président — qui reste, comme d'usage, chargé de convoquer ses collègues.

Quant aux attributions du Jury, elles consisteraient en ceci :

Qu'il déciderait des différents survenus entre les musiciens et les directeurs du Théâtre et du Casino, après toutefois avoir entendu les parties ; — il fixerait aussi les appointements, de concert avec l'Administration municipale ; ils serait l'intermédiaire naturel des musiciens avec les diverses Administrations : toutes réclamations, de quelque part qu'elles puissent venir, lui seraient soumises ; — enfin le Jury fixerait les amendes ou autres peines disciplinaires, telles que suspension d'exercice ou exclusion de l'orchestre, en cas de manquements des musiciens aux répétitions, aux exécutions à heure fixe, ou même aux égards que tous les artistes se doivent mutuellement. Ce Jury établirait lui-même un réglement applicable à l'orchestre, il en assurerait l'ordre et la bonne tenue, et signalerait au besoin à l'Administration les mesures générales propres à en faciliter le recrutement parmi les éléments locaux.

Passant ensuite à l'examen de la position qui devrait être faite, dans l'intérêt de tous, au chef d'orchestre, le Comité émet l'opinion qu'il est désirable qu'il n'y ait à l'avenir qu'un seul chef pour les deux établissements municipaux, le Théâtre et le Casino. — Il paraît évident au Comité que le meilleur moyen d'assurer le service de ces deux établissements, c'est d'éviter toute espèce d'antagonisme entre les chefs de musique qui pourraient les desservir simultanément. La pratique a démontré que les chefs de musique se gênent réciproquement, quand surtout ils disposent des mêmes éléments ; qu'il leur est très-difficile, sinon impossible, de faire concorder les heures de répétition et d'exécution à leur convenance, et que, d'ailleurs, les artistes restant dans la même main, c'est-à-dire sous les ordres d'un seul, répondent plus aisément aux exigences de l'art.

A propos des chefs d'orchestre, ou plutôt des conditions dans lesquelles l'orchestre doit se trouver constamment pour répondre à sa mission artistique, le Comité croit devoir rappeler au Conseil municipal, qu'il était arrêté dans l'ancien cahier des charges, qu'en aucun cas le directeur du Théâtre ne pourrait conduire l'orchestre. Le Comité regrette qu'on n'ait pas toujours observé cette clause essentiellement morale, c'est-à-dire de nature à sauvegarder l'indépendance et la dignité des musiciens.

Quant au choix d'un chef d'orchestre jusqu'ici laissé au directeur du Théâtre, sauf assentiment de l'Administration, mais auquel les artistes restent étrangers — le Comité est d'avis qu'il soit permis désormais aux artistes d'exprimer leur opinion, par la voix du JURY PERMANENT, sur la personne qui leur paraîtra remplir le mieux les conditions de capacité et de moralité sans lesquelles aucun artiste ne peut dignement et avec autorité conduire un corps de musique.

Le Jury présentera le chef de son choix à l'autorité municipale, qui jugera dans sa sagesse si elle doit ou non agréer *les vœux* des musiciens.

Passant enfin à l'examen des conditions pécuniaires propres à assurer le fonctionnement régulier de l'orchestre, le Comité reconnaît qu'en raison des difficultés du temps, il serait dangereux d'exciter les prétentions de chacun et qu'il est nécessaire de laisser les appointements des musiciens au taux actuel. Il convient, selon le Comité, que la subvention

Pour le Casino, soit fixée à....................	12.830 fr. »
Pour le Théâtre à........................	19.800 »
TOTAL avec le quatuor de répétition.	32.630 »
Id. sans quatuor...............	31.230 »

Moyennant cette somme, la ville aurait à l'orchestre 32 musiciens d'une *valeur réelle*. Elle éviterait le mélange habile, mais désastreux pour l'art, d'une foule d'éléments hétérogènes, mi-partie d'amateurs, mi-partie de professeurs, comme cela se fait habituellement en industrie musicale, au moins offrant et dernier réducteur.

Si la ville exigeait 35 musiciens, la subvention pour les deux établissements s'élèverait,

Sans quatuor, à.......................... 34.063 fr. »
Avec quatuor, à.......................... 35.569   »

Si enfin l'Administration consentait à l'engagement de 38 musiciens, la somme que proposerait le Comité s'élèverait,

Sans quatuor, à.......................... 36.893   »
Avec quatuor, à.......................... 38.393   »

dont 14.193 fr. pour le Casino,
et   22.700 fr. pour le Théâtre.

Le Comité recommande vivement à l'attention de l'Administration municipale les conditions qui viennent d'être exposées ci-dessus. Il est fermement convaincu que toute réduction aux présents comptes entraînerait des difficultés matérielles considérables, — peut-être le refus formel des musiciens de quelque valeur, — et d'ailleurs maintiendrait l'état de choses auquel on veut précisément remédier.

Le Comité a l'espoir que le Conseil municipal s'arrêtera moins à la perspective de réaliser une économie de quelques mille francs, qu'à constituer enfin un orchestre sérieux, digne de la ville de bains, répondant aux intérêts de l'art et de la localité.

Le Conseil municipal voudra bien prendre en considération les observations parfaitement désintéressées du Comité spécial, et croire à son entier dévouement pour les intérêts publics sur lesquels il a été appelé à se prononcer dans le présent rapport.

Le Président,
CHARDARD.

Le Secrétaire,
A. BOUDIN.

J'ai voulu faire voir, en reproduisant cette pièce, que non-seulement le système adopté au théâtre avait été nuisible à cet établissement en en éloignant la partie la plus éclairée de la population, mais qu'il avait aussi été pernicieux en arrêtant une réforme qui devait, de toute nécessité, rendre à l'art musical sa dignité perdue, son influence sur la scène, son ancienne importance dans la cité boulonnaise.

Nos plans ont donc échoué. Ces combinaisons si sages, si consciencieusement élaborées entre des personnes certes compétentes ; ces réformes enfin, d'une urgence telle que l'Administration en avait elle-même provoqué l'étude, furent remises aux calendes grecques, cela uniquement pour faire place au décousu sans nom actuellement en vigueur. Ce n'est pas sans surprise que nous avons vu un tel revirement en faveur d'une idée on ne peut moins rationnelle. Je ne sais s'il n'eût pas mieux valu nous laisser, mes collaborateurs et moi, à nos occupations journalières, plutôt que de nous appeler à perdre notre temps en recherches pénibles. Je ne vais pas jusqu'à croire que nous avons été les instruments d'une mise en scène habilement conçue, j'aime mieux supposer que l'Administration a eu peur, qu'elle a manqué de décision au moment d'agir. Nul n'ignore du reste que les démarches personnelles, qui sous l'Empire décidaient de tous les emplois, sont encore d'un grand secours auprès des fonctionnaires publics. Elles ont dû exercer une influence décisive dans cette affaire. Elles auront troublé la religion de nos magistrats municipaux. Il est impossible qu'on se leurre, comme ils l'ont fait, quand on est tout entier livré à soi-même. On ne me fera jamais admettre que la perspective seule d'une économie de quelques mille francs ait pu faire oublier à ce point des engagements formels, adressés en pleine Mairie, à toute une classe de citoyens. Si l'économie des fonds municipaux a été votre seul mobile, Messieurs du Conseil, je vous demanderai comment il se fait que vous ayez dépensé, en faveur d'autres objets d'une importance moindre, des sommes bien plus considérables que celles qu'on vous demandait Il est étrange que l'on parle d'économie lorsque tous les services publics reçoivent des suppléments d'allocation tous les ans depuis trois ans ; lorsque notamment on augmente le nombre des employés de ville et qu'à certains d'entre eux, déjà suffisamment payés, on accorde des gratifications.

Pourquoi est-on chiche des deniers publics seulement pour le Théâtre ? Est-ce qu'on n'a pas une idée bien nette des immenses services qu'il rend à la civilisation ? Est-ce que son rôle dans la société moderne ne serait pas encore bien compris ? Si je voulais fureter dans les détails administratifs, il me serait facile de réduire à rien ce prétexte d'économie que l'on a fait valoir pour priver notre scène de sa partie noble — et recevoir comme un spécifique merveilleux le plan de M. Martin.

Mais je ne fais pas une guerre de parti-pris à l'Administration ; je sais quelle espèce d'hommes profitent de ses erreurs. Ils feraient pis à sa place. Disons seulement que c'est en reprenant les traditions de ces mêmes hommes que l'Administration s'est trompée.

Qu'elle voye le résultat des décisions prises par elle : ils sont palpables. Boulogne n'est en cette saison qu'un grand village, et nos institutions musicales périssent faute d'exercices fortifiants, et le peuple s'ennui. L'ennui est terrible chez nous, il engendre bien des maux ! C'est bien assez d'avoir à dévorer des souvenirs pénibles et de traverser une crise commerciale sans exemple, sans qu'on y joigne encore la privation de plaisirs réconfortants, à nous aussi chers qu'ils étaient aux Athéniens, et devenus par l'habitude aussi nécessaires à notre existence que le pain même.

Je bornerai à ces quelques pages, rapidement écrites et quelque peu hâchées sans doute, les observations que je voulais mettre sous les yeux de mes concitoyens. S'ils veulent se reporter à un travail plus complet que j'ai publié, il y a huit ans, sous ce titre : *Troisième essai sur les institutions populaires de mon temps*, ils trouveront tout ce qui manque à cette brochure pour qu'elle éclaire parfaitement sur la question théâtrale. Du reste, il ne faut pas qu'on s'y trompe, cette question n'est pas si difficile à résoudre que le crient certains pêcheurs en eau trouble : on en viendrait à bout avec un peu d'énergie. Elle est hérissée de difficultés, cette question, quand ceux qui tiennent en main sa solution la laissent échapper par des défaillances intéressées, ou par une bienveillance exagérée pour les solliciteurs de direction chaudement recommandés.

Que le Théâtre subisse un contrôle sévère, exercé par l'Administration d'abord, par la presse ensuite, enfin par le public. Que tous les pouvoirs desquels il dépend, au lieu de se relâcher comme aujourd'hui, surveillent incessamment ses actes. Qu'il soit mis à l'abri d'une exploitation effrénée, brûlant tout pour arriver à des fins mercantiles. Que ses ressorts intimes, pour rester dans les termes généraux dont nous nous sommes servis jusqu'ici, soient entretenus avec vigilance, et nul doute qu'il bravera les malheurs du temps et reprendra bientôt son ancienne splendeur.

On n'a fait que conspirer, dans ces dernières années, pour mieux le conduire à sa perte. Parce qu'il déplaisait aux directeurs de sentir sur leurs agissements à l'égard des artistes l'œil défiant du public, on a supprimé les débuts. La direction engage, comme elle l'entend, des ganaches, des fruits secs mêlés à quelques individualités de mérite ; elle renvoie qui elle veut, à sa convenance, quelquefois par caprice, sans égard pour les sympathies du public ; et personne n'a rien à voir à cela. On a supprimé les débuts, dis-je, on n'a pas non plus voulu de manifestations dans le cours de l'année. La police, toujours ombrageuse, est devenue plus intraitable que jamais. La prison, l'amende et l'appréhension au corps ont avantageusement remplacé le sifflet libre et barbare, bon et mauvais, selon les circonstances, mais sûrement meilleur que le bon plaisir de la direction disposant de la force publique.

Payez votre place et taisez-vous ! On ne s'est même pas donné la peine de remplacer le contrôle du parterre par une commission *ad hoc* ou par le suffrage universel muni de bulletins. L'arbitraire a pris la place de nos vieilles libertés populaires. Si ce n'est M. le Directeur qui prononce, c'est M. le Maire. C'est toujours un Monsieur. Pour le public c'est trop.

Si la critique muselée trouvait encore quelques plumes pour la venger ! Mais les affiches, mais les programmes, mais la place chaude réservée aux journalistes, est-ce qu'il ne faut pas songer aussi à cela ? Dites ce que certains reproches bien légers ont valu dernièrement au rédacteur de la *Semaine Théâtrale*. Qu'est-ce qui se sentirait le courage d'affronter les brutalités inqualifiables que M. Quettier a essuyées avec une patience admirable ? A moins de ne pas reculer devant une scène de pugilat en plein public, on n'oserait tenir un journal à ces conditions.

Je passe sur les exigences des artistes et des auteurs de ce temps-ci. Les directeurs sont mal venus de leur disputer les gros sous qu'ils nous disputent à nous avec une âpreté peu édifiante. Quant aux artistes, il est tout naturel qu'ils entendent partager avec les directeurs les bénéfices que ceux-ci réalisent. Tout ouvrier en est là.

Comment veut-on qu'une institution tirée de la sorte, par celui-ci, par celui-là, abandonnée par ceux mêmes que nous missionnons pour son développement ; comment voulez-vous qu'une barque ainsi pilotée, sans moteur puissant, sans ligne de conduite arrêtée, ne viennent pas à échouer de temps en temps devant la banqueroute ? C'est miracle qu'elle se tienne encore debout ! Des badauds s'écrient : « Tiens, c'est drôle ! on ne suit plus les représentations théâtrales comme autrefois. Le public devient d'un froid glacial, il ne se passionne que pour des excentricités comme *La Fille de Madame Angot !* On doit joliment plaindre les directeurs, tout de même. »......etc., etc.

Le public est indifférent avec raison. Le théâtre municipal n'est plus son théâtre, il est la chose de M. le Directeur. Le public regarde les affiches pompeuses de celui-ci et en rit, comme il rit de toutes les supercheries qu'on lui a ôté le droit de critiquer à haute voix.

Ma besogne est achevée, je souhaite qu'elle ait contribuée à éclairer l'Administration. Nos magistrats municipaux ont commis une erreur, ils peuvent la réparer. Que pour les élections prochaines ses ennemis n'aient pas à leur adresser les reproches que nous venons de leur faire, et qui, venant de nous, ne peuvent être pris de mauvaise part. Ceux-là précisément qui ont applaudi aux dispositions prises à l'égard du théâtre, seront les premiers à leur jeter la pierre quand il s'agira d'examiner l'ensemble de leurs travaux. Quelques palinodies de plus ne les effraient pas.

J'atiends avec confiance la discussion qui s'ouvrira bientôt sur le chapitre théâtre, au moment de la fixation du budget pour l'année prochaine. J'espère que l'ancien état de choses sera rétabli. — Les traditions locales doivent être respectées. — La partie lyrique du théâtre nous sera rendue pour toute l'année, il ne sera plus fait de suppression à l'avantage de la saison des bains, le Casino cessera d'être la pierre de touche pour ce qui concerne un établissement affecté de tout temps à la population fixe ; on ne nous privera plus de nos récréations les plus saines, les plus fortifiantes pour l'esprit, afin de mieux répondre aux exigences d'un système chimérique et de satisfaire une agglomération passagère, complètement indifférentes aux choses de la famille communale et si inconstante dans ses goûts qu'elle finira bientôt, c'est facile à prévoir, par nous échapper tout-à-fait.

Que les étrangers s'en aillent, qu'ils nous quittent, nous sommes assez industrieux, assez actifs, et notre position géographique est assez bonne pour qu'avant peu nous puissions tout-à-fait nous passer d'eux. Les grandes villes, toutes, se sont élevées par le travail, par la production, et non par le plaisir et la consommation.

Que le théâtre soit à nous désormais, bien à nous, rien qu'à nous ; c'est mon vœu le plus ardent.

A. BOUDIN.